LES

ÉTATS DE NORMANDIE

SOUS LE RÈGNE DE CHARLES VII

PAR

M. CHARLES DE ROBILLARD DE BEAUREPAIRE.

ROUEN,

IMPRIMERIE DE HENRY BOISSEL,

55, Rue de la Vicomté, 55.

1875

LES ÉTATS DE NORMANDIE

SOUS LE RÈGNE DE CHARLES VII.

Charles VII ne profita pas de ses victoires sur les Anglais pour abolir les libertés de notre ancienne province. Il sut gré aux Normands d'avoir conservé le sentiment national sous le joug de la domination étrangère et de lui avoir prêté leur appui pour l'expulsion de nos ennemis. Nulle part il n'usa de rigueur: il admit au serment d'obéissance, en se gardant de leur faire un reproche de leur conduite passée, la plupart de ceux qui, s'étant laissés entraîner par la force des évènements, n'avaient point eu le courage de refuser leur concours au gouvernement de Henri V et de Henri VI.

Dans les circonstances où l'on se trouvait, il n'eût point paru extraordinaire de le voir exiger des villes soumises les subsides dont il avait besoin pour la continuation de la guerre. La nécessité urgente, la grandeur du but qu'il se proposait auraient justifié, aux yeux de tous, des mesures promptes et arbitraires. Cependant il procéda d'une manière différente : il voulut devoir à la générosité des sujets qu'il venait de reconquérir l'argent nécessaire pour mener à bonne fin la lutte patriotique dans laquelle il était engagé. Lorsque, après la capitulation de Rouen, il eut décidé d'aller faire le siége d'Harfleur, il demanda aux Rouennais de lui prêter une somme de 30,000 livres qui leur fut remboursée à la longue, au moyen d'aides qui leur furent concédées (1).

(1) Pour recueillir cette somme, payable 20,000 l. avant le 20 décembre, 10,000 l. avant le 15 du mois suivant, les conseillers, quarteniers, cinquanteniers et dizeniers de la ville de Rouen nommèrent douze personnes, trois par quartier (Jean de Saenne, chevalier, Robert Gouppil, Colin Le Roux, Jean de Hotot, Michel Basin, Robin Le Cornu, Georget Bosquet, Richard Le Grand, Thomas Igouf, Pierre Cusquel, Jaquet de Croismare et Pierre Lalemant). Le Roi, afin de mettre les échevins en état de rembourser les prêteurs, leur concéda pour un an, à commencer au 1er décembre 1449, l'imposition de 12 d. pour livre de la ville et de la vicomté de Rouen (Lettres patentes datées de Caudebec, dernier nov. 1449, signées : Roland, Arch. de la S.-Inf., série I, *États*), et plus tard, une aide de 5 s. t. pour queue de vin, montant et *avalant* par dessous le pont de Seine. En 1455, le Roi devait encore à la ville 5,500 l. (Arch. communales de Rouen). — Le clergé du diocèse vota, de son côté, un secours pour le recouvrement d'Harfleur. Le 1er décembre 1449, il est fait mention, dans les registres capitulaires, d'une somme de 4,600 l. qui avait été donnée par les ecclésiastiques du diocèse, confiée à la garde du chanoine Jacques Deshayes, et déposée dans le trésor de la cathédrale (Arch. de la S.-Inf., G. 2134). Le 20 nov. 1449, les chanoines avaient refusé de contribuer, en tant que communauté, aux frais de cette opération militaire (*Ibidem*).

Le caractère paternel de son autorité se manifesta par un autre fait qui rentre plus directement dans le sujet que nous allons essayer de traiter. Dès l'année 1439, ce prince avait renoncé à se servir des assemblées d'États pour les pays de son ancien domaine ; et pourtant, trouvant cette institution établie en Normandie, il la conserva, conformément aux vœux de toute la province. Sur ce point, il est vrai, sa politique ne se dessina pas nettement dès le début. Ce ne fut qu'au bout de plusieurs années et après mûre réflexion, qu'il en vînt à reconnaître positivement aux Normands le droit de voter, dans des assemblées publiques, leur part des contributions du royaume.

La première réunion d'États qui se soit faite après la conquête eut lieu vers la fin de l'année 1450. Nous ne croyons pas qu'on puisse en signaler dans le cours de l'année précédente : on était en pleine guerre ; la libération de notre pays n'était que commencée ; évidemment une pareille réunion n'eût pas été possible.

Les lettres de Charles VII avaient fixé l'époque de la session au 30 novembre 1450. Elles furent apportées aux chanoines de Rouen par un chevaucheur de Roi, le 19 de ce mois. Ceux-ci députèrent à l'assemblée cinq d'entre eux (1) en leur donnant permission de se *réduire*, s'ils le voulaient, au nombre de deux,

(1) Ces cinq délégués étaient Nicolas Du Bois, doyen, Pierre Deschamps, archidiacre de Rouen, Richard Olivier (plus tard évêque de Coutances), Jacques Deshayes et Jean Le Febvre. Le chapitre les nomma *ipsos, quatuor, tres, vel duos ad comparendum in congregatione trium statuum*, 20 nov. 1450 (Arch. de la S.-Inf. G. 2134.)

ce qui nous oblige à supposer que le nombre de voix attribué aux divers corps, religieux ou civils, dans les délibérations, était indépendant du nombre de leurs délégués; autrement, on ne s'expliquerait pas qu'il eût été loisible au chapitre de se faire représenter par cinq ou par deux de ses membres à son choix. La session dut être longue; elle se prolongea jusque vers le 4 ou le 5 de janvier 1451 (1). Le 31 décembre 1450, elle était encore en pleine activité puisque, ce jour-là (2), les chanoines permirent à leur doyen, Nicolas Du Bois, de communiquer aux États, pour servir à la collation d'un *vidimus*, les originaux de la Charte aux Normands, telle qu'elle avait été primitivement octroyée par Louis X, dit le Hutin, et qu'elle avait été confirmée par Philippe de Valois, par Jean-le-Bon,

(1) Indemnités taxées « à plusieurs nobles et bourgeois de l'élection d'Arques, qui ont assisté à la convention derr. tenue à Rouen, ès mois de novembre et décembre derr. passez »; mandement du 22 février 1450-1. — Mention de « l'aide de 75,000, octroiée par les gens des trois Estats en l'assemblée tenue à Rouen au mois de janvier dernier »; mandement du 14 mars 1450-1. — L'assemblée était certainement finie le 5 janvier 1450-1, puisque, ce jour-là, les commissaires du Roi délivrèrent les mandements pour le paiement des taxations des députés. Leurs mandements, adressés aux élus pour l'imposition de l'aide votée, portent la date du 10 janvier 1450-1. (Bib. nat., Quittances et pièces diverses du temps de Charles VII, 1449-1452, Portefeuille 90.)

(2) Arch. de la S.-Inf., G. 2134. Le 13 mars 1451-2, la Charte aux Normands fut tirée des archives du chapitre et remise entre les mains de Michel Boissel, clerc de l'hôtel commun. Les chanoines prêtèrent à la ville les lettres de confirmation de Charles VI, mais à condition qu'elles leur seraient rendues avant la Saint-Jean-Baptiste, et moyennant une caution de 500 l. (*Ibid.*) — Cf. Délibération du 9 mars 1451-2.

Charles V et Charles VI (1). On lui recommanda de ne point perdre de vue ces précieux documents que l'on conservait avec le plus grand soin, dans le trésor de la cathédrale, comme les titres les plus vénérables des libertés de la province.

On peut donc affirmer que la première pensée des Normands, dès qu'ils eurent été rendus à leur souverain légitime, fut d'obtenir la confirmation de leur Charte et l'exécution de cette promesse faite par le Roi à la ville de Rouen, lorsqu'elle lui avait ouvert ses portes : « Sera confirmée la coutume de Normandie, et la Charte aux Normands et l'Échiquier de Normandie, ordinairement tenu, ainsi qu'on faisoit paravant la descente du feu roi Henry d'Angleterre (2). »

Il fut question, dans cette assemblée, d'une aide pour l'entretien des gens de guerre, en d'autres termes, pour la solde d'une partie de cette armée permanente et régulière, qui avait été établie en France, en conséquence des ordonnances de 1439 et de 1445.

Le contingent en avait été fixé, pour la Normandie, à 800 lances fournies de la grande ordonnance, et à 800 petites payes, formant ensemble un total de 4,400 combattants dont la solde était évaluée à 400,000 fr. par an. La Normandie, province maritime et frontière, était exposée, plus que toute autre, aux invasions des Anglais ; elle avait trop souffert de leur longue domination et de l'imprévoyance de l'ancien gouvernement pour ne point comprendre l'intérêt qu'il y avait pour

(1) On eût pu ajouter Henri V et Henri VI, si ces princes n'avaient pas été des souverains étrangers.

(2) Arch. de la S.-Inf., G. 2134. — V. le texte des lettres du Roi, Rouen, nov. 1449. (Farin, *Hist. de Rouen*.)

elle à être défendue par des troupes disciplinées, nombreuses et prêtes à se porter, dès le premier appel, sur les points menacés.

On ne pouvait, d'ailleurs, contester que le Roi n'eût eu de lourdes charges à supporter. La conquête de la Normandie l'avait obéré, et l'année qui s'ouvrait allait être employée à de nouvelles opérations non moins dispendieuses ; il s'agissait de porter la guerre dans le midi et d'enlever la Guyenne aux Anglais.

Prenant, toutefois, en considération la misère trop certaine de notre province, le Roi modéra l'imposition à 290,000 liv. qui durent « être levées sur toutes manières de gens laïques du pays, le plus justement et également que faire se pourroit, le fort portant le faible. »

Il est à croire que les députés ne votèrent qu'une partie de cette aide, les 75,000 du premier trimestre ou quartier. Dans les mandements adressés aux élus on ne trouve, en effet, que cette somme qui soit mentionnée comme ayant été accordée par les gens des trois États. Sans doute, ils émirent des vœux pour être dispensés du reste, et il est juste de constater qu'ils obtinrent satisfaction dans une certaine mesure puisque, en plus des 75,000 liv. votées, (1). on n'imposa en Normandie, pour les neuf derniers mois de l'année, que la somme de 125,000 liv. au lieu de celle de 215,000. Le pays de Caux ne fut pas compris dans cette imposition, probablement parce que, plus, que le reste de la Normandie, il avait été ravagé et dépeuplé par la guerre (2).

(1) Voir mandement du 2 avril 1450-1. (Arch. de la S.-Inf., États.)

(2) Mandement adressé aux Élus, 10 janvier 1450-1. La vicomté

Les 75,000 liv. furent levées en vertu d'un mandement des « commissaires ordonnez par le Roy pour le fait de l'assemblée des trois États du duchié de Normandie en la ville de Rouen pour les affaires, nécessité et sûreté du pays ». Les 125,000 le furent, au contraire, en vertu d'un mandement des « généraux conseillers du Roy sur le fait et gouvernement de toutes ses finances. » (1).

L'assemblée dont nous venons de parler avait été présidée par Jean, bâtard de Dunois, conseiller et grand chambellan du Roi, son lieutenant général sur le fait de la guerre. Il passait, à bon droit, pour le premier capitaine de l'époque, et pour le libérateur de la Normandie à laquelle le rattachait son titre de comte de Longueville, porté précédemment par Duguesclin. Il siégea aux États, accompagné de quelques généraux des finances, et de plusieurs membres du Conseil parmi lesquels on remarquait Guillaume de Juvenel des Ursins, seigneur de Trainel, chancelier de France, dont Basin fait un grand éloge dans son mémoire pour la réforme en matière de procédure.

On peut citer comme ayant pris part aux délibérations, en qualité de députés pour l'élection d'Arques, Jean Masquerel, chevalier, sieur d'Hermanville, le sire d'Esneval, Jean Le Saunier, écuyer, Pierre

d'Orbec fut imposée à 5,000 l.; celle de Pont-Audemer à 2,400 l.; celle de Bayeux à 7,200. Ces sommes avaient été réparties entre les vicomtés « sur l'avis et déliberation des gens à ce recongnoissans », termes qui, suivant nous, excluent les députés des États. (Bibl. nat., Portefeuille 90.)

(1) Mandement aux Élus sur le fait des Aides ordonnées pour la guerre en la vicomté d'Avranches, 1. mai 1451. (*Ibidem.*)

Galopin, secrétaire du Roi, lieutenant général de Jean Havart, bailli de Caux, Guillaume Bourse, élu d'Arques, Macé Pate, vicomte de Longueville, Guillaume de Chenevelles, Laurent De la Motte, Abraham Parent, Guillemin Dumont, Jean Le Danois, Jean De Lectre, dit Brunet, et un autre Jean de Lectre, dit Torcy. Ces noms ne vaudraient peut-être pas la peine d'être recueillis, s'ils ne donnaient sujet à quelques constatations qui ne paraîtront pas déplacées dans le travail dont nous nous occupons. Et d'abord ils nous fournissent la preuve que les officiers du Roi n'étaient pas alors exclus des honneurs de la députation : nous en voyons jusqu'à trois pour une circonscription qui n'équivalait pas au quart du bailliage de Caux. Ils nous apprennent encore que les villes et les bourgs députaient directement aux États, suivant l'ancienne coutume, témoin Jean De Lectre, dit Torcy, signalé comme délégué des bourgeois et habitants d'Arques ; enfin, que les députés du tiers Etat l'emportaient de beaucoup, par le nombre, sur les députés de la noblesse, puisque, parmi les noms que nous venons d'énumérer, on ne compte que trois noms de gentilshommes. Encore, ne saurait-on affirmer que Le Saunier n'eût pas été délégué par des gens du tiers État, et quant au sire d'Esneval, il est certain qu'il comparaissait, non-seulement au nom de l'élection d'Arques, mais au nom de celles de Caudebec et de Montivilliers (1).

(1) « Nous avons fait assiette en lad. ellection (l'Election d'Arques) des sommes qui s'ensuivent, c'est assavoir pour Jean Maquerel, chevalier, s^r d'Hermenville, la somme de 97 l. 10 s., pour le sire d'Esneval, la somme de 25 l. pour partie de 75 l.

Leurs taxations aux uns et aux autres furent réglées, dès le 5 janvier, par les commissaires du Roi tenant la convention des États, et leur furent payées en vertu d'un mandement des « Élus sur le fait des aides ordonnées pour la guerre en la ville et l'élection d'Arques », du dernier jour du même mois (1).

Les États avaient fait don à Dunois de 1,000 l. en témoignage de reconnaissance pour les services qu'il leur avait rendus, et au chancelier de France, de 300 l., vraisemblablement pour le même motif. Ainsi, il faut rapporter à une assez haute antiquité l'usage de ces gratifications que les États accordaient, dans

qui tauxez lui avoient esté et ordonnez prendre en lad. ellection d'Arques et en celles de Caudebec et de Moustiervillier; pour maistre Pierre Gallopin, lieutenant général de M. le bailli de Caux, la somme de 38 l. pour partie de la somme de 78 l. qu'il appert par lesd. lettres desdits sieurs lui avoir été tauxez et ordonnez pour avoir esté à lad. assemblée, à icelle somme semblablement prendre ésd. ellections d'Arques, Caudebec et Moustiervillier, dont de lad. somme de 78 l., en tant que selon noz advis et conscience lad. ellection d'Arques en peult porter pour sa porcion, y en avons assis lad. somme de 38 l.; item pour Jehan Le Saunier le jeune, escuier, la somme de 78 l.; item pour Jehan de Lectre dit Brunet et Guillaume de Chenevelles, 117 l.; item pour Macé Pate, vicomte de Longueville, Laurent de la Mote, Abraham Parent, Guillemin Dumont et Jehan Le Danoiz, 292 l. 10 s.; item pour nous Guill. Bourse, esleu d'Arques, et Jehan De Leitre dit Torcy, envoyez à lad. assemblée pour les bourgeois et habitans dudit lieu d'Arques, la somme de 117 l., dern. janv. 1450-1. » (Bibl. nat., Portef. 90.) Dans ce mandement ne figurent pas les délégués du comté d'Eu et de la ville de Dieppe, 22 fév. 1450-1. (*Ibid.*)

(1) Quittance de Dunois signée le Bast. dorleans, 8 mai 1451. (*Ibid.*) Le 11 janv. 1454-5, Dunois donne quittance comme capitaine de 100 lances fournies. (*Ibid.*, Portefeuille 92.)

leurs sessions, aux gouverneurs de la province et aux lieutenants généraux qui s'y présentaient avec le titre de commissaires du Roi, usage qui a persisté jusqu'à la fin de ces assemblées, sous Louis XIV. On peut encore remarquer que, dès ce temps-là, ces sortes de gratifications avaient besoin d'être ratifiées par l'autorité royale. L'accomplissement de cette formalité est attesté dans la quittance de Juvenel des Ursins (1).

Au mois de décembre 1451, on vit venir à Rouen, en qualité de commissaire de Charles VII, non plus Dunois, mais un personnage qui n'était guère moins en faveur, Pierre de Breszé (2), grand sénéchal de Normandie, homme très influent dans le conseil du Roi, et qui s'était signalé, de la manière la plus brillante, par ses talents militaires, dans la dernière campagne de Normandie. Il manda près de lui les conseillers de Rouen et les délégués du chapitre pour « entendre des propositions » qui intéressaient toute la province. Il s'agissait de la Charte aux Normands, des *Compositions octroyées lors de la réduction* (3) à

(1) Quittance de Guill. Juvenel des Ursins : « 300 l. que les gens des Trois États de Normandie nous ont données et que le Roy nous a ordonnez estre baillées par le commis à recevoir en l'élection d'Alençon la portion de l'aide de 75,000 l. » — Montils, 20 mars 1450-1; quittance du 30 mai 1451. (*Ibid.*)

(2) Pierre de Breszé, chevalier, comte de Maulévrier. Il touchait, comme sénéchal de Normandie, une pension de 1,200 l. par an. Voir sa quittance du 14 octobre 1451. (Bibl. nat., Portefeuille 90.) C'est à lui que Basin dédia son projet de réforme en matière de procédure. (Basin, IV, 29.)

(3) On désignait ainsi les actes de capitulation conclus entre le Roi et les villes qui se soumirent à son autorité, lors de la conquête.

Rouen et aux autres villes, d'une chancellerie, d'une chambre des Comptes, d'une juridiction de généraux sur le fait des aides, tous établissements qui devaient être spéciaux pour la Normandie. Des mémoires avaient été rédigés pour en démontrer l'opportunité. Le Chapitre y avait donné son adhésion, et sur la sollicitation de cette compagnie, l'archevêque Raoul Roussel les avait lui-même approuvés (1). On s'explique ainsi qu'ils aient pu être présentés au Roi comme l'expression du vœu des trois États, bien qu'il ne paraisse pas qu'ils aient été délibérés dans des assemblées générales. Malheureusement, comme il était aisé de le prévoir, l'intérêt de la Normandie se trouva en opposition avec celui des grands corps judiciaires de Paris, naturellement portés à étendre leur ressort, et qui ne manquèrent pas de représenter comme un danger tout obstacle apporté à l'action du pouvoir central et à l'unité du royaume.

A la fin de l'année 1452, les États étant, cette fois, régulièrement assemblés, leur attention fut appelée, de nouveau, sur les articles dont il convenait d'entretenir le Roi. Le chapitre permit à ses délégués (2) d'acquiescer au sentiment de l'État ecclésias-

(1) Arch. de la S.-Inf., G. 2134, Délibérations des 8, 10, 13 déc. 1451. Il y eut protestation au sujet d'une levée faite au profit de Thomas de Louraille. Le député des chanoines, Jacques Deshayes, prit le chapitre pour témoin de cette protestation : 13 déc. 1451 : *Pro se et suis adherentibus protestatus fuit in capitulo quod non consenciebat se quod fieret situacio supra populum Normannie de expensis per Thomam de Louraille in villa Parisius nuper factis prosequendo certa negocia sua tangentia bailliagium Cadomense seu subditos ejusdem.* (*Ibidem.*)

(2) Guillaume du Désert et Jean de Gouvys. L'évêque de Bayeux assistait à ces États. (*Ibidem.*)

tique, s'il y avait accord, et en cas de diversité d'opinion, il leur enjoignit de venir lui demander des instructions plus explicites et plus complètes. On fut d'un avis unanime (1). Il y a donc lieu de penser que le cahier qui fut adressé au Roi de la part des États ne s'éloigna guère, pour la rédaction, de celui qui avait été adopté par les chanoines et que nous avons trouvé consigné dans les registres capitulaires (2). Nous le reproduisons dans toute sa teneur.

« S'ensivent les articles qui semblent estre raisonnables à requérir au Roy notre sire par les Troys Estas du pays et duchié de Normandie.

« Premièrement que, eu considéracion à ce que ses très-humbles subgiez de Normandie ont continuellement esté en guerre depuis plus de XXXII ans en ça au devant de la réduction de ce pais de Normandie et par ce a esté et encores est ledit pais depopulé et evacué de peuple, biens et chevance, et aussi que depuis icelle réduction ont esté et sont de jour en jour cueillies en icelui pais très-grans et excessives finances tant par moien de tailles, impositions, quatriesmes, gabelles et autres aides, plus grans et excessives que oncques ne furent de mémoire de homme et lesquelles sont importables audit pais à soustenir et continuer, il plaise au Roy notre dit s[r], en aiant regart à leurs bonnes loyautez, sur ce pourvoir à ses diz très-humbles subgiez de Normandie et faire cesser lesd. charges ou au moins les modérer tellement que

(1) *Ibidem*, Délibérations des 18, 20, 21, 22 novembre 1452. Cependant, le chapitre fit dès lors quelques réserves *de non contribuendo expensis pro articulis miclendis ad Regem*, 20 nov. 1452.

(2) *Ibidem*.

ilz puissent vivre et passer le demourant de leurs jours en paix soubz sa très-noble sieurie et loyale majesté. Car autrement sesdits très-humbles subgiez, qui les dictes charges ne pevent plus porter ne soustenir, seroient en nécessité de wider et aller ailleurs demourer pour icelles charges eschiver et trouver moyen de vivre plus paisiblement et à mendre charge, ainsi que desjà s'en est parti et encore fait chacun jour dudit pais grant nombre et quantité, et encore plus feroit, se de sa très-noble grace n'y estoit remédié et pourveu en brief.

« Item, que les loys, coustumes et usages dudit pais de Normandie et la Charte aux Normans soient confermez, ainsi qu'ilz furent par le roy Charles derrain trespassé selon sa chartre sur ce faicte.

Item qu'il plaise au Roy notre dit s^r^ créer et ériger université en la ville de Caen en toutes facultez et la douer à son bon plaisir des priviléges qui par les Estatz dudit pais de Normandie lui seront baillez par supplication.

« Item qu'il plaise au Roy notre dit seigneur ordonner en la ville de Rouen seel de chancellerie, chambre des Comptes et de généraulx sur le fait de la justice des Aides pour le bien dudit pais de Normandie.

« Item que les compositions et concessions octroiées par le Roy notre dit seigneur aux citez, villes, forteresses et pais de Normandie, en faisant ou par le moien de la réduction d'icelles en l'obéissance du Roy notre dit seigneur, soient aussi par lui auctorisées, confermées, entretenues et gardées selon leur fourme et teneur, et que, se aucuns débatz et procès se meuvent touchant lesdictes composicions et concessions ou les deppendences d'icelles, les juges ordinaires, tant ecclésiastiques que séculiers dudit pais de Normandie, chacun en son regart, en aient la congnoissance et décision soubz le ressort c'est assavoir : de l'Échiquier, court souveraine de Normandie quant aux juges séculiers, et au regart des juges ecclésiastiques, soubz le ressort des greigneurs ou souverains juges à qui ordinairement il appartient, sans ce que la court de Parlement ne autres juges en aient la congnoissance ne que, par quelxconques previlleges des universitez ou autrement, puissent les habitans dudit pais estre ailleurs convenus ès cas dessus dis et leurs deppendences, et, se aucunes causes en estoient jà meues et pendentes devant aucuns juges, qu'ilz soient renvoiées devant lesdits juges ordinaires de Normendie pour en congnoistre et décider, comme dit est.

« Chapitre de Rouen donne adhésion aux Estas de Normandie à poursuir devers le Roy notre sire les articles dessus diz, et sont d'acort que l'en y envoie de par l'Estat de l'église ung, deux ou troiz clers notables pour les poursuir, desquez clers ils commettent l'élection à maistres Guillaume Du Désert, et Jehan de Gouvys, chanoines d'icelle église, selon ce qu'ilz verront estre à faire par l'adviz et opinion des autres prélas et seigneurs d'église de Normandie qui sur ce seront assemblez. Ce fu fait et passé en Chapitre, l'an 1452, le 22e jour de novembre.

« Signé : J. Des Essars et un paraphe. »

Les États de 1452, où furent proposés les articles précités s'étaient tenus à l'hôtel commun de Rouen. Ce point doit être noté. Nous ferons observer, à ce propos, que, pendant fort longtemps, le conseil municipal de cette ville joua un rôle prépondérant dans les assemblées provinciales. C'était lui, d'ordinaire, qui préparait les articles qui devaient faire l'objet des discussions des députés ; c'était lui qui provoquait les assemblées particulières des bailliages, mesure, à ce qu'il parait, tolérée, bien qu'elle nous ait tout l'air d'une usurpation sur l'autorité royale ; par lui s'entretenait une correspondance assez suivie avec les hauts fonctionnaires du gouvernement. En l'absence des États, et, comme il n'y avait point encore, en Normandie, de cours souveraines, il était le représentant et l'âme de toute la province, à ce point que, jusque vers le milieu du XVIe siècle, les assemblées provinciales n'eurent d'autre procureur que le sien.

Dès 1453, ce conseil se porta pour le champion des libertés de la Normandie, et engagea résolûment la lutte contre l'Université de Paris, l'un des plus puissants corps de l'État. Dans ce but, il dépêche à Vernon, Pierre Daron, lieutenant-général du bailli de Rouen, Laurent Guesdon, bailli de Heugueville, et le procureur général des bourgeois Martin des Essarts. Qu'en cette circonstance ils agissent dans l'intérêt des États et conformément à leur désir, cela ne peut être douteux. A l'assemblée provinciale de 1452, on avait adopté un article particulier, évidemment dirigé contre l'Université de Paris, article portant qu'on supplierait le Roi de confirmer, par une charte, l'Université de Caen dont la fondation était due à un roi d'Angleterre, Henri VI, et que Charles VII avait maintenue, seulement à titre provisoire, lorsqu'il était rentré en possession de Caen, en 1450 (1). Mais très probablement, ils ne tenaient leur procuration que du conseil municipal de Rouen (2). Aussi, le 24 juin 1453, ce fut devant lui qu'ils vinrent rendre compte de leurs démarches et de la discussion qu'ils avaient eue à soutenir contre les députés de Paris, en présence des Commissaires du Roi.

Quelques mois après, la ville envoie des députés jusqu'en Guyenne où Charles VII s'était rendu après la défaite de Talbot (3), et dans cette circonstance encore, ce qu'elle avait en vue, ce n'était pas un intérêt purement municipal, mais un intérêt d'un ordre plus élevé, un intérêt commun à toute la province. Elle tenait à savoir quelle suite on avait donnée aux requêtes que les États avaient présentées pour obtenir une chancellerie, une cour des généraux, une chambre des Comptes. On lui avait assuré que le Roi

(1) « Lettres de Charles VII, données à Pomerey en forêt, le penultième jour d'octobre 1452, par laquelle ce prince, après la retraite et l'expulsion des Anglais de son royaume, crée et fonde de nouveau l'Université de Caen, sur la demande des trois États de Normandie. » (*Mémoires de la Société des Antiquaires de Normandie*, VIII, 338.)

(2) Arch. comm. de Rouen, A. 8, 23 juin 1453. Nous croyons cependant que le clergé avait été consulté. Nous pensons en trouver la preuve dans cette délibération du chapitre de Rouen, du 1er juin 1453 : « *Domini capitulantes concluserunt quod abbates hujus diocesis, in hac villa Rothom. pro nunc existentes, mandentur ad diem lune proxime futuram, ad deliberandum cum eis super petitis per procuratorem ville.* »

(3) La nouvelle de cette victoire parvint à Rouen le 23 juillet. Beaumont, héraut du duc d'Alençon, en apporta, le 29 du même mois, la nouvelle officielle, en exhibant comme preuve deux étendards anglais; la ville lui donna 10 écus ; le chapitre 2 écus d'or. Arch. comm. de Rouen, A. 8 ; Arch de la S.-Inf., G. 2134.)

avait répondu favorablement à toutes les demandes et que même il avait donné l'ordre d'expédier des lettres patentes enconséquence. Mais pourtant on ne voyait rien paraître, et si l'on devait ajouter foi à certains rapports, tout restait en suspens par la faute d'un seul. A leur retour, dans la séance du 4 octobre 1453, les délégués de Rouen, Jean Le Roux, membre du conseil de la ville, et le procureur Martin des Essarts confirmèrent l'exactitude de ces renseignements. Ils ajoutèrent que le Roi s'était montré fort mécontent de la négligence de son secrétaire Charles Chaligant et qu'il avait daigné s'en expliquer ouvertement dans des lettres missives à l'adresse des conseillers. Le coup paraissait rude pour Chaligant. On se hâta de lui transmettre ces lettres, avec l'intime conviction que l'on touchait enfin à la solution tant désirée (1). Mais l'effet qu'elles produisirent ne répondit pas aux espérances que l'on avait conçues. Le 2 décembre, on n'avait point encore de nouvelles de l'expédition. Il fallut reconnaître que l'inertie de Chaligant était moins compromettante pour lui et moins facile à vaincre qu'on ne se l'était imaginé. C'était celle d'un subalterne placé entre deux influences opposées, peut-être aussi entre deux volontés contradictoires du même maître. Dès lors on comprit qu'il fallait, à tout prix, se ménager l'appui des personnes le plus en crédit. On consulta d'abord le grand sénéchal, et, quelques jours après, à son arrivée à Rouen, Louis d'Harcourt, archevêque de Narbonne, que le Roi envoyait, avec Jean Havart, bailli de Caux, pour traiter

(1) Arch. comm. de Rouen, A. 8, 14 oct. 1453.

des affaires de la ville. Ce que rapportait ce dernier était de nature à calmer les inquiétudes de nos compatriotes. Le Roi lui avait expressément déclaré « qu'il avoit son pays de Normandie en singulière recommandacion, lequel son pays de Normandie il vouloit estre souslegé et supporté, et mesmes, pour aucunes requestes autres fois accordées par ledit sieur à ses Estats de Normandie, et puis naguères devers luy poursuivies, il avait commandé de bouche audit Havart que il vouloit et ordonnoit que Le Roux alast devers luy en la compagnie de M. d'Esternay, général des finances en Normandie (1). » Il lui avait recommandé de porter cette déclaration à la connaissance « d'aucuns notables hommes de la ville, tant bourgeois, conseillers que autres (2). »

Si grande que fût l'estime des échevins pour leur collègue Jean Le Roux, il leur répugnait de l'envoyer seul en cour dans une affaire aussi capitale, et qui, nécessairement, le mettrait aux prises avec très forte partie. C'est ce que témoigne le registre des délibérations où nous lisons ce qui suit : « Pour ce que les requestes touchoient grant chose et que, pour le bien d'icelles, convenoit bien personne avec ledit Le Roux, combien que ledit sieur n'eust mandé que icellui Le Roux, fu touché y envoyer Martin des Essarts, procureur général d'icelle ville, qui, autres fois, comme devant est dit, les avoit poursuivies en la compagnie dudit Le Roux, ou Jehan Gouel, à présent lieu-

(1) Maître Jean Le Boursier, seigneur d'Esternay, conseiller chambellan du Roi, général sur le fait et gouvernement de ses finances depuis 1446.

(2) Arch. comm. de Rouen, A. 8, délib. des 2 et 6 déc. 1453.

tenant des forêts (1), ou Guillaume Le Picart, à présent postulant en cour laye (2), lequel d'eulx ainsi que pour le mieux seroit advisé (3). » On voulut, toutefois, dans la crainte de déplaire, prendre l'avis de Breszé. Celui-ci trouva qu'on pouvait, sans difficulté, adjoindre le procureur à la députation. Tel fut aussi l'avis de Dunois, que Le Roux, comme personne qui lui était particulièrement agréable (4), était allé voir à Vernon (5), pour le consulter sur les requêtes du pays et lui demander des lettres de recommandation. Cependant, le procureur ne se mit en route que trois jours après le départ de Le Roux et du bailli, vraisemblablement par respect pour l'ordre de Charles VII. Si l'on en juge par la durée du voyage, la mission était délicate et ardue : les deux délégués n'étaient de retour à Rouen que le jeudi 7 février 1453-54.

(1) Plus tard, lieutenant commis des baillis de Rouen, Montespedon et Le Picart.

(2) Il devint bailli de Rouen et conseiller de Louis XI ; il était frère de mère de l'archevêque Robert de Croismare. Il compte parmi ses descendants le maréchal de Bassompierre.

(3) Arch. comm. de Rouen, A. 8, à la date indiquée.

(4) Jean Le Roux était un des bourgeois de Rouen qui, en 1449, avaient obtenu de Charles VII un sauf-conduit pour se rendre près de Dunois au Port-Saint-Ouen, à l'effet de traiter de la capitulation de la ville.

(5) Charles VII avait fait don à Dunois, en 1449, de la ville et du château de Vernon (Godefroy, *Hist. de Charles VII*, p. 156). En 1453, il lui confia la défense de la Normandie et eut sujet de s'applaudir de sa vigilance et de son habileté : « *Qui cum cœteris ducibus et militaribus copiis defensioni Normanniæ solerter ac fideliter interim incubuit ita ut Angli, licet multa comminarentur et jactanter plurima vanissime enuntiarent, nihil tamen ausi sunt in Normanniam attentare.* (Basin, I, 162.)

Nous ne croyons pas nous tromper en attribuant à leurs démarches les lettres patentes datées de Montils-lès-Tours, 10 janvier 1453-54, par lesquelles Charles VII, sur la demande des trois États de Normandie, ordonnait que dorénavant les vicomtes, grènetiers, receveurs et autres officiers comptables de cette province seraient dispensés de se présenter à la chambre des Comptes de Paris pour faire vérifier et approuver leurs comptes. « Toutes les fois que le Roi ferait tenir Échiquier en Normandie, des conseillers, maîtres des Comptes de Paris, viendraient à Rouen, y resteraient tout le temps de l'Échiquier et prendraient connaissance des pièces de comptabilité qui leur seraient soumises (1). » Les lettres patentes en question portaient le contre-seing de ce même Chaligant dont, précédemment, on s'était cru fondé à réprimander la lenteur. Dom Lenoir, dans son recueil intitulé : *La Normandie anciennement pays d'Etats*, ne rapporte que cette pièce et la confirmation de la Charte aux Normands qui aient trait aux assemblées provinciales, pour le règne de Charles VII. Mais on ne saurait douter que notre province n'ait dû aux remontrances de ses députés bien d'autres dispositions dont le souvenir est aujourd'hui perdu. Il est impossible d'admettre que l'innovation que nous

(1) Pendant plusieurs années ces lettres patentes de 1454 reçurent leur exécution : « *Bientôt, en vertu de cet ordre, sont, par lesdicts seigneurs des Comptes et mesmes par autres lettres d'icelui seigneur, envoyez à Rouen pour ilec assister et tenir ledit Eschiquier des Comptes au terme de Pasques* 1454, *que l'Eschiquier ordinaire siet audit lieu, des maistres clers et autres officiers d'icelle chambre, entre autres monseigneur Jehan Le Boursier, chevalier, sieur d'Esternay.* » (Floquet, Hist. du Parlement de Normandie, I, 239.)

venons de rappeler ait été l'unique satisfaction accordée aux doléances de notre ville et de notre province. Si l'on n'avait obtenu d'autre succès que de faire résoudre dans un sens favorable une question qui intéressait à peu près exclusivement les fonctionnaires comptables, pense-t-on que le conseil municipal de Rouen se fût mis en peine de témoigner sa reconnaissance à ceux dont il avait réclamé les bons offices? Ses largesses ont dû avoir en vue de plus importants services. Le 15 décembre 1453, on avait donné au bailli de Caux une coupe d'argent de 4 à 5 marcs. On ajoutait, peu de temps après, à ce présent « un jouet d'argent en façon de coupe verée à 5 émaux, » qui ne coûta pas moins de 42 livres. Les conseillers avaient chargé leur principal mandataire Jean Le Roux de promettre, mais en *termes couverts*, à M. de Villequier (1) une coupe et une aiguière d'argent vermeil du poids de 20 marcs, et à M. de Blainville (2) une bourse de 100 écus d'or (3). Tout cela, croyons-le, fut donné ou promis de la manière la plus discrète. Mais la ville n'observa pas la réserve

(1) André de Villequier.

(2) Jean d'Estouteville, seigneur de Torcy et de Blainville, conseiller et chambellan du Roi, grand maître des arbalétriers de France. Il donne quittance d'une somme de 180 l. à Thomas de Louraille, commis au paiement des gens d'armes et de trait logés en Normandie, 8 avril 1453-4. (Bibl. Nat., Portefeuille 91.)

(3) Ces sortes de dons étaient assez communs. Sommerset, le dernier gouverneur anglais de Normandie, avait donné à la ville de Rouen une coupe d'argent munie de son couvercle. Les conseillers, au mois d'octobre 1451, en firent présent à Macé De Launay, receveur général de Normandie, pour le récompenser de ses services. (Arch. comm. de Rouen, A. 8, f° 29, Noël 1453.)

qu'elle recommandait à son ambassadeur ; elle fit inscrire ces gratifications dans le registre des délibérations municipales, où maintenant encore on en peut lire la constatation authentique.

En 1454 nous retrouvons la ville de Rouen sur la brèche pour la défense des libertés du pays contre les écoliers de l'Université de Paris.

Le 25 avril 1457, nouvelle affaire. On convoque à l'hôtel commun, sous la présidence du grand sénéchal, le capitaine de la ville, le lieutenant géneral du bailli, les vicomtes de Rouen et de l'eau, Messieurs les conseillers, les vingt-quatre du Conseil, les avocats pensionnaires et les notables de la ville. On leur rend compte des poursuites faites à l'Échiquier par le procureur du Roi et par les gens des trois États pour assurer le respect des juridictions normandes. Les causes étaient distraites des sièges auxquels en appartenait la connaissance, et chaque jour les Normands se voyaient assignés au Parlement, aux Requêtes, à la Chambre du Trésor, au Châtelet, aux diverses cours de Paris, par une infraction des plus manifestes aux droits, coutumes et libertés de la Normandie, contrairement à la Charte Normande et aux engagements du Roi. Fidèle à son rôle de chef des États de la province, la ville de Rouen décida qu'on écrirait aux bailliages, afin de provoquer partout une résistance commune et énergique à d'injustes prétentions. Peu de temps après, elle s'adresse directement au Roi qui témoigne sans retard de sa considération pour les réclamations de ses fidèles Normands, en écrivant aux seigneurs pour lors en Normandie, touchant la distraction des causes, en indiquant à

Paris, pour le 9 août, une audience solennelle qui serait consacrée à l'examen de tous les griefs. Vers le même temps, au mois de mai, vraisemblablement par suite des démarches des conseillers de Rouen auprès des bailliages (1), il se tint en cette ville une réunion des États de la province. On y vota une aide de 30,000 liv., et l'on y nomma des députés qui furent chargés de se rendre à Paris et de prendre part à l'audience qui devait y avoir lieu par l'autorité du Roi. Les États y déléguèrent, entre autres, Laurent de Vieupont, député pour la noblesse du bailliage d'Evreux (2), et Guillaume Bigot, député pour le bailliage de Rouen. Les échevins de Rouen ne manquèrent pas de s'y faire représenter. Mais on souleva de nouvelles difficultés qui entraînèrent de longs retards, et qui forcèrent les mandataires du pays à se rendre à Tours auprès du Roi. Le 21 novembre, la ville dut transmettre à ses délégués de plus complètes instructions dont nous regrettons de ne pouvoir faire connaître la teneur.

Les conseillers de Rouen et les États de Normandie obtinrent enfin gain de cause, sinon sur tous les points, du moins sur le plus important. Charles VII, par

(1) On peut citer d'autres assemblées de bailliages en 1460. Le 3 sept. de cette année, le chapitre donne adhésion *viris ecclesiasticis et deputatis a baillivalibus de Constantino et Cadomo pro conservatione privilegiorum libertatum ecclesie et ducatus Normannie super facto novorum acquestuum.* (Arch. de la S.-Inf., G. 2135.)

(2) Les commissaires ordonnés à tenir les États lui taxèrent 688 l. pour 192 jours de vacation à raison de 4 l. par jour. Il donna quittance d'une partie de cette somme, 200 l., 12 nov. 1458. Bibl. Nat., Portefeuille 93.)

lettres patentes données à Tours, au mois d'avril 1458, confirma la Charte aux Normands (1), et profita de cette occasion pour reconnaître, de la manière la plus solennelle, les services que nos ancêtres avaient rendus à la couronne et la constance de leur fidélité :

Cum divina factum sit providentia ut, post diuturnas bellorum clades, regni nostri gubernacula in pace teneamus, dignum quippe et decens est ut populos, quos inimica et hostilis feritas dure et immaniter vexavit ac pene ad extremam redegit penuriam quique inter hostiles impetus, inter intolerabiles injurias, inter innumera damna suam semper fidelitatem integram servaverunt, dono specialis gratiæ attollamus. Sane dilecti et fideles subditi nostri habitatores et incolæ patriæ et ducatus nostri Normanniæ graviter conquerendo nobis exposuerunt quod contra jura, privilegia, libertates atque consuetudines dicti ducatus, per divæ memoriæ Ludovicum (2), *Philippum, Joannem et Carolum, progenitores et prædecessores nostros, eisdem incolis et subditis concessas, quamplurima damna, gravamina, atque novitates dictis inferuntur et irrogantur contra tenorem dictorum privilegiorum atque libertatum et in totalem derogationem Chartæ vulgariter nuncupatæ* la Charte aux Normands.

Prenant spécialement en considération le dévouement que les Normands lui avaient témoigné pendant l'occupation anglaise, *maxime quia dicti ducatus in-*

(1) La Charte aux Normands fut octroyée par Louis le Hutin, en 1315. Je ne m'explique pas la qualification de *divæ memoriæ* appliquée à ce Roi. Sans doute, à la chancellerie, le rédacteur des lettres patentes aura confondu Louis le Hutin avec Saint Louis.

(2) Dom Lenoir. *La Normandie, anciennement pays d'États*, p. 106 et 107.

colæ indesinenter, etiam durante violenta ipsius patriæ per Anglicos, nostros et regni nostri antiquos inimicos, occupatione, singularem ad nos gesserunt dilectionis affectum et non parva prestiterunt fidelitatis obsequia, le Roi ratifia cette Charte suivant son texte primitif (1) et sans tenir compte des modifications qui y avaient été apportées par Philippe de Valois. On y lisait cet article :

« *Quod de cetero per nos aut nostros successores in dicto ducatu, in personis aut bonis ibidem commorantium ultra reditus, census et servitia nobis debita, taillias, subventiones, impositiones aut exactiones quascumque facere non possimus nec eciam debeamus, nisi evidens utilitas vel urgens necessitas id exposcat, et per conventionem et congregatiomem gentium trium statuum dicti ducatus, sicut factum fuit et consuetum tempore retrolapso* (2).

Il importe de le remarquer, l'article que nous venons de reproduire contient une clause que nous ne trouvons dans aucune des précédentes chartes de concession ou de confirmation de la Charte aux Normands.

(1) Cependant, il est avéré que l'exemplaire qui avait servi à l'expédition était celui des lettres de confirmation de Charles VI. La ville l'avait emprunté au chapitre le 6 avril 1458. Il fut porté à Paris et réintégré dans le Trésor de la cathédrale, le 12 mai 1458 (Arch. comm. de Rouen, A. 8).—Un de ceux qui contribuèrent le plus au succès des démarches des députés de Rouen et des États fut d'Esternay : « 8 juillet 1458, on donnera en gratuité au secrétaire et clers de M. d'Esternay, général de France, pour leur vin, escriptures et bonnes diligences touchant les voyages de ceux de par la ville de Rouen à Paris, pour la distraction des causes et de ceux qui ont esté à Tours devers le Roi pour la Charte aux Normans, XVIII livres. » (*Ibidem.*)

(2) Dom Le Noir, *La Normandie*, etc., p. 108.

Jusque-là, il est vrai, les rois s'étaient interdit la faculté de lever des tailles et des subventions en Normandie, si ce n'était en cas d'*utilité évidente* et de *nécessité urgente*; mais ils restaient les juges de cette *utilité* et de cette *nécessité* qu'ils ne manquaient jamais d'alléguer comme motifs déterminants des subsides qu'ils demandaient au peuple. Charles VII, le premier, inséra dans la Charte aux Normands, l'obligation, pour le Roi, d'obtenir le *consentement des États*, ce qui donnait une consécration légale à cette institution, et entraînait, comme conséquence, la convocation annuelle des députés des trois ordres. Ce n'est qu'à partir de cette époque, en effet, que l'on voit se succéder leurs assemblées avec une périodicité qui ne fut guère interrompue que sous le règne de Louis XIII. Au XIVe siècle, on peut bien signaler, de loin en loin, quelques conventions; mais elles ne présentaient rien de régulier, et sous Charles VI, nous ne trouvons aucun document qui nous permette de supposer que l'autorité royale se soit assujettie à la formalité gênante d'assembler des députés pour obtenir du pays les impositions réclamées par les besoins de l'État.

Force nous est de le reconnaître, antérieurement à Charles VII, nos États provinciaux n'ont fonctionné d'une manière suivie que sous deux souverains étrangers, Henri V et Henri VI, soit que l'idée soit venue naturellement à leurs conseillers d'implanter dans notre province une institution déjà ancienne dans leur propre pays, soit, plus vraisemblablement, qu'ils aient agi par politique, à l'exemple de ce parti de Bourgogne qui avait si bien fait leurs affaires et qui, malgré les erreurs et les fautes les plus criantes, conservait un certain prestige, en invoquant, avec une sincérité suspecte, l'intérêt du peuple et le respect des libertés publiques.

Ce qui nous a conduit à supposer que sous Charles VII, pendant plusieurs années, il n'y avait point eu de convention d'États, ou du moins que leur vote n'était pas de rigueur pour le vote des impôts, c'est d'abord que nous n'en rencontrons aucune trace dans les registres de délibérations du Chapitre et de l'Hôtel-de-Ville de Rouen. Ce sont encore et surtout les termes des mandements pour la levée des tailles. Ils sont différents suivant que ces mandements ont été écrits avant ou après la confirmation de la Charte aux Normands par Charles VII.

En 1451, les impositions avaient été de 200,000 livres pour le paiement des gens de guerre. Les États, pourtant, n'en avaient voté qu'un quartier, 75,000 livres.

En 1452, les lances fournies furent diminuées de 200, c'est-à-dire d'un quart (1). Il n'y eut plus que

(1) La lance fournie était, suivant M. Vallet de Viriville, composée d'un homme d'armes et de son valet, tous deux gentilshommes et de trois archers et d'un coutilier. — Quittances de Gieffroi de Couvran, capitaine ayant la charge de 40 lances fournies logées par l'ordonnance du Roi en Normandie. Il reçoit (26 mai 1451) de Macé De Launay, receveur général de Normandie, 3,720 l. pour trois mois, à raison de 30 l. pour lance fournie : il touchait 20 s. par jour pour chaque lance fournie. Bibl. Nat. Portefeuille 90. — Nous ne saurions dire exactement ce qu'il faut entendre par les petites payes, mentionnées dans les lettres du Roi et dans les mandements des généraux pour les aides. — En 1453, nous voyons payer 30 l. par lance, 10 par petite paye. Mandement du 15 décembre 1452. (*Ibid.*)

600 lances et 600 petites payes, pour l'entretien desquelles on leva en Normandie 223,000 livres. Le Roi avait d'abord voulu 295,200 livres. Il y eut un rabais de 75,000 livres qui fut pris sur le revenu des aides. L'imposition se fit en vertu d'un mandement « des Commissaires ordonnés par le Roi à « mettre sus le paiement des gens de guerre logés « en Normandie », mandement daté du dernier décembre 1453.

En 1453, le contingent étant le même, le Roi, au lieu de 295,200 livres se contenta de 248,100 livres. C'était un rabais de 46,500 livres représentant le paiement d'une centaine de lances, rabais, en apparence, moins considérable qu'il n'avait été l'année précédente (1). Mais cette aggravation dans les charges du pays tenait à une nouvelle mesure qu'il faut considérer comme une véritable amélioration. Jusque-là les troupes logées en Normandie avaient exigé des habitants le logis et l'ustensile (2). A partir de cette année, il leur fut interdit « de prendre ni exiger aucune chose des habitants demeurant ès villages et parroisses du pays pour les eustancilles, ainsi qu'ils faisoient et avoient fait par aucun temps. » L'imposition se fit en vertu d'un mandement des Commis-

(1) Arch. de la S.-Inf., série I., Etats. 600 lances et 515 petites payes. Mandement de Bourlier, receveur général des finances en Normandie.

(2) Basin parle en ces termes de cette innovation qui marque dans l'histoire militaire de la France « *Necessarium fuit in illis exordiis, magna ex parte, stipendia militibus non in numerata pecunia, sed in quantitate certæ annonæ et virtualium necessariorum tam pro personis quam equis taxari. Pedetentim vero quum inchoarent parochiæ ad fortunas increscere pinguiores ex*

saires ordonnés par le Roy à mettre sus et imposer le paiement des gens de guerre logés en son pays et duchié de Normandie. » Ce mandement est daté du 15 décembre 1452.

En 1454, on leva, pour le paiement de 600 lances fournies de la grande ordonnance et des petites payes, pour leur logis et ustensiles, pendant le premier quartier de l'année, la somme de 66,100 livres, à savoir : 62,500 livres pour la solde, 3,600 livres pour les ustensiles. L'imposition se fit en vertu d'un mandement des « Commissaires ordonnés par le Roi, à mettre sus et imposer le paiement des gens de guerre établis en Normandie », daté du 23 janvier 1454. On rappelle, dans ce document, que le Roi, « tantot après la réduction de son pays de Normandie, par l'advis et délibéracion d'aucuns seigneurs de son sang et autres de son grand Conseil, avoit ordonné et établi le nombre de 600 lances fournies de la grande ordonnance et certain nombre de petites payes estre et demeurer audit pays pour la seureté et déffense d'icellui, et que résistance fust mise à l'entreprise que pourroient faire audit pays de jour en jour les Anglois, anciens ennemis de ce

Regiis vectigalibus quæ pro solutione hujusmodi lancearum constituta sunt stipendia solvi militibus constitutum fuit et annonæ illæ militares in pecuniarum quantitatem mutatæ sunt atque quolibet mense, pro lancea cum suis duobus sagitariis viginti scuta auri taxata. » (Basin IV, c. 3.)

« Les gens d'armes d'ordonnance, dit Henri Baude, étoient payés par le pays. Ils y faisaient résidence en temps de paix et vivaient sans aucune pillerie. Les peuples les y voulaient bien et les aimaient et faisaient requête au Roi de les faire loger et tenir ès pays où ils prenaient leur solde. »

royaume, et pour obvier que lesdits gens de guerre n'eussent coleur ou occasion de piller ledit pays et subgiez. » Il n'est pas fait allusion à un vote des États (1).

Cette même année, la contribution de la Normandie fut réglée à 250,000 livres par an sur le pays de Normandie pour le paiement de 600 lances fournies de la grande ordonnance et de 515 petites payes logées dans la province et établies pour sa défense. Il est fait mention de cette imposition dans les mandements « des Commissaires ordonnés par le Roy à mectre sus ès pays de Normandie et duchié d'Alençon le paiement des gens de guerre. » S'il y avait eu vote des États, le Roi l'eut certainement rappelé. Or, il n'en est pas question dans les pièces en question. On invoque, il est vrai, la requête de ceux du pays, on invoque l'intérêt de la province, mais tel que l'avaient compris Richemont, connétable de France, le comte d'Eu, Dunois et d'autres seigneurs du Conseil « connaissans le fait et estat du pays de Normandie et duché d'Alençon (2). » Sous leur propre responsabilité ceux-ci

(1) On rappelle dans ce mandement la défense faite par le Roi « aux gens de guerre de prendre ne exiger vivres, fourrages ne autres choses quelsconques sur peine d'estre privez de l'ordonnance et pugnis comme au cas appartendra en maniere que ce sera exemple à tous autres. — Sont exceptés de l'imposition gens d'église, nobles vivant noblement et suivant les armes ou qui par vieillesse ou impotence ne les pevent plus suir, les officiers ordinaires et commensaulx du Roy, de la Royne, de Mgr le Dauphin et autres nosseigneurs leurs enfans, les servant ordinairement et non marchandans, vrais escoliers étudians sans fraulde, les brigandiniers qui ont retenue et gages du Roy, les francs archers et pauvres mendians. » (Bibl, nat. Portefeuille 91.)

(2) Arch. de la S.-Inf., série I, États.

avaient fait connaître au Roi « les grandes charges que les sujets desdits pays avoient supportées depuis la *réduction* : les impositions avoient été moult grevables et desplaisans tant pour les parjuremens et abus qui s'y faisoient et commettoient comme pour les vexations indues et autres charges continuelles que le peuple portoit à cause de ces impositions pour le paiement des gens de guerre. » Ils avaient déclaré qu'à leur avis ce serait rendre service au pays que de le décharger de ces impositions moyennant 250,000 livres par an. Le Roi accepta leur proposition et décida par lettres patentes données à Montils-lès-Tours, 26 février 1453-54, qu'à partir du mois d'avril 1453-54, ces impositions n'auraient plus cours mais seraient remplacées par une taille unique de 250,000 livres que l'on appella Taille ordonnée pour les gens de guerre.

Après la confirmation de la Charte aux Normands, le rôle des États, dans le système financier de notre province, prend de l'importance et devient plus marqué.

L'année même où cette Charte fut confirmée, il y eut à Rouen, au mois de décembre, une assemblée des États. On y vota 274,800 l. affectées aux objets suivants : principal du paiement de 580 lances fournies de la grande ordonnance et de partie des petites payes logées au pays, en compensation des impositions auxquelles le Roi avait bien voulu renoncer ; logis et ustensiles des 580 lances ; gages des 7 capitaines de francs-archers (1) établis dans les 7 bailliages de la pro-

(1) Guillaume de Villiers, capitaine des francs-archers du bailliage de Caux, reçut 25 brigandines dont il donna quittance,

vince; fourniture de 100 brigandines aux francs-archers; appointements de Thomas de Louraille, chargé du paiement des gens de guerre et gages de son commis; voyages et chevauchées; pension de 4,000 l. au duc d'Alençon, à partir du mois d'octobre; 4,100 l. pour les réparations des places et forteresses; 4,200 l. pour le paiement de 200 corsets garnis, à raison de 14 écus le corset; 2,575 l. 18 s. 5 d., dûs de reste, de l'année précédente, pour le fait de la dépense de Jean d'Alençon et de ses gardes. Le tout montait à 289,675 l. 18 s. 5 d., et fut imposé en vertu d'un mandement des « Commissaires ordonnés par le Roi à mettre sus et imposer au pays le paiement des gens de guerre, » 22 décembre 1458, mandement où ils eurent soin d'indiquer que cette somme avait été octroyée au Roi par les trois États (1).

Le chapitre de la cathédrale avait délégué à cette réunion Guillaume Roussel et Guillaume de Vernon pour comparaître *in domo ville et alibi ubi opus fuerit cum aliis statibus congregatis et evocatis ex parte domini nostri Regis* (2).

Au mois de février 1459, en conséquence des délibérations prises dans cette réunion, une députation se mit en route pour la cour : elle était composée de l'évêque d'Avranches, Jean Boucart (3), de Mgr d'Estouteville, du sire de Clères (4), de Roger Gouel, de

9 nov. 1460. (Bibl. nat., Portefeuille 95.)

(1) Le mandement porte la signature de G. Picart. (Bibl. nat. Portefeuille 94.)

(2) Arch. de la S.-Inf., G. 2135, délib. du 25 nov. 1458.

(3) Élu évêque d'Avranches en 1453.

(4) Georges, baron de Clères, député de la noblesse : il toucha pour ses vacations 114 l. qui lui furent allouées par lettres du

Guillaume Ango, conseiller de Rouen, et de Martin des Essarts, ces deux derniers procureurs du bailliage de Rouen. Ils allèrent trouver le Roi à Montbazon et à Chinon et l'entretinrent des affaires qui concernaient la province, affaires que nous ne saurions exactement déterminer. La preuve qu'ils étaient délégués des États, c'est que la ville, en accordant à Ango et à des Essarts, une somme de 75 l. pour leur voyage, leur fit entendre que c'était par forme de prêt et qu'ils auraient à la lui rembourser sur les « deniers de leurs taxations que devoit porter le pays de Normandie en général (1). » Peu de temps après, en effet, les États de la province firent asseoir par les Commissaires ordonnés pour le paiement des gens de guerre une aide particulière de 4,151 l. qui avait pour objet les indemnités dues au prélat et à ses compagnons (2). Dans cette circonstance encore, la ville de Rouen prit fait et cause pour toute la province et se montra généreuse envers ceux qui avaient obligé les Normands. Elle donna 6 hanaps d'argent dorés au cardinal évêque de Coutances (3), 6 autres hanaps au comte de Dunois, une grande coupe dorée au patriarche de Jérusalem (4),

Roi, datées de Montbazon, 9 mars 1458-9. (Bibl. nat.. Portefeuille 95.)

(1) Arch. comm. de Rouen, A 8.

(2) Bibl. nat., Portefeuille 95. 500 l. furent de plus affectées aux vacations de ceux qui avaient été désignés pour entretenir le Roi des affaires du pays, mission qui doit être considérée comme la suite naturelle et comme la conséquence nécessaire de toutes les assemblées provinciales. C'était ce qu'on appela plus tard le port du cahier.

(3) Richard Olivier, cardinal de Longueil.

(4) Louis de Harcourt.

transféré de l'archevêché de Narbonne à l'évêché de Bayeux, « en considération, est-il dit dans les délibérations, de plusieurs grands et notables services par eux faits à la ville. »

Les États de 1459 se tinrent à Rouen le 1er décembre, en vertu de lettres de convocation datées de Chinon, 10 novembre. Le but annoncé était, suivant les lettres du Roi, « certaines causes qui grandement touchoient le bien de sa personne, de ses païs et duchié de Normandie. » En réalité, il s'agissait d'obtenir le renouvellement de la taille de 250,000 l. pour le paiement des lances fournies et des petites payes pendant l'année à commencer au 1er janvier 1459-60 (1). Le Roi demandait, en outre, 13,920 l. pour le logement et l'ustensile des lances (2); 980 l. pour les gages des 7 capitaines des francs-archers des sept bailliages; 1,200 l. pour 100 brigandines fournies aux archers du pays; 1,200 l. pour le paiement de Thomas de Louraille, commis à faire le paiement des gens de

(1) L'aide de 250,000 l. était passée dans les habitudes. Elle était si bien considérée comme une compensation de contributions plus anciennes et rigoureusement exigées pour les gens de guerre, que le Roi demandait d'en opérer l'assiette, dans un mandement daté du 9 nov. 1459, un jour avant celui dont sont datées les lettres pour la convocation des États. Cependant le mandement des Commissaires aux Élus pour la levée des 284,000 l. somme dans laquelle sont comprises les 250,000 l. des gens de guerre, fut expédié postérieurement au vote de l'Assemblée. Il porte la date du dernier jour de décembre 1459.

(2) A ce compte, le duché était exempt des impositions pour le logis et l'ustensile, sauf la ville de Rouen. Cette ville n'était pas comprise dans l'imposition de 250,000 l. Elle était vraisemblablement assujettie à une contribution particulière et d'une autre nature.

guerre ; 4,000 l. pour les réparations et les fortifications de plusieurs villes et places du pays ; 1,500 l. pour tous autres frais affectés aux gages d'officiers, reddition de comptes, rabais et non valeurs.

D'autres lettres, postérieures de quelques jours aux précédentes, prescrivirent de lever 2,000 l., qui devaient être départies « ainsi que le Roi l'avoit ordonné, » sans plus de désignation, et 4,000 l. représentant le don fait par les États au grand sénéchal de Normandie, « en reconnoissance des services et plaisirs qu'il leur avoit faits et faisoit chacun jour. » Le tout pour la Normandie, y compris l'élection d'Alençon et le comté du Perche, formait un total de 284,800 livres (1).

Les États furent convoqués dans les derniers jours de novembre de l'année suivante (1460). L'objet des aides à voter fut encore la solde de la gendarmerie, dont on avait maintenu la réduction de 600 à 580 lances, en conservant toutefois les capitaines des lances supprimées. Chaque lance fournie de la grande ordonnance touchait 31 l. par mois ; chaque petite paye 21 l. Nous apprenons, par un document du 20 février 1460, qu'on dépensa, pour les 580 lances, 80,820 l ; pour les 414 petites payes, 37,260 livres (2). A coup sûr, ces finances paraîtront bien mesquines, et ces

(1) On peut tirer d'un compte de Tancarville (S.-Michel 1459 — S.-Michel 1460) quelques inductions sur la durée des États de 1459. On paya à Robert de Pouches, écuyer, capitaine de Tancarville, une somme de 16 l. pour s'être rendu de Tancarville à la Convention des trois États de Normandie et y avoir vaqué par 16 journées, tant en allant, séjournant que retournant. (Arch. de la S.-Inf., F. de Tancarville.)

(2) Arch. de la S,-Inf., série I, États.

troupes, qu'il n'est guère possible d'évaluer à plus de 3,000 combattants, feront plutôt l'effet d'une garnison de ville que des forces militaires d'une vaste province, si l'on songe au chiffre de nos armées et à ce qu'elles coûtent chaque année aux contribuables. Et pourtant, on se plaignait de la dépense, et Thomas Basin, évêque de Lisieux, homme trop passionné pour être toujours juste, allait jusqu'à reprocher à Charles VII d'avoir trompé les espérances de ses fidèles sujets de Normandie, et de leur avoir imposé des charges qu'ils n'avaient pas connues sous la domination étrangère : *Cœperunt statim Franci eos (Normannos) omni vectigalium et collationum genere onerare, militum stationibus opprimere et variis angariis et perangariis aggravare, atque duris servitutibus adjectis, omnem eis pæne libertatem eripere, adeo profecto ut publicarum collationum onera ultra duplum illius quantitatis quam ab eis exigebant Anglici adauxerint* (1). Quand Louis XI fut sur le trône, on regretta Charles VII, et l'on trouva, par comparaison, que le peuple en était quitte avec lui pour des impositions assez légères.

On peut citer, parmi les députés qui siégèrent à cette assemblée, Jean Dumesnil, vicaire général et official de Rouen; Jean de Gouvys, archidiacre de Bayeux (2); Roger Gouel, bailli de Dieppe (3) et Ni-

(1) Basin, III, 363.

(2) Jean de Gouvys, chanoine de Rouen. Il fit don au chapitre de Rouen d'un beau livre liturgique orné de miniatures, qui fait actuellement partie de la Bibliothèque de Rouen. Il avait été délégué par le cardinal d'Estouteville pour assister au procès de réhabilitation de la Pucelle.

(3) Il était seigneur de Poville. Il devint président de la Cour

colas Dubois, doyen du chapitre de Rouen. Ils furent désignés, tous les quatre, pour porter les doléances des États au Roi et aux seigneurs de son grand Conseil, qui étaient alors à Bourges. Ils partirent de Rouen le 10 novembre 1460, et ne revinrent que vers le 20 janvier de l'année suivante, jour où on les voit faire, à l'Hôtel-de-Ville, le récit de leur voyage en cour. Ils avaient laissé en route le doyen. Sa grande réputation de théologien avait engagé le Roi et le Conseil à l'envoyer au Mans, « pour le fait et matière d'une pauvre jeune fille, de l'âge de vingt-quatre ans ou environ, que l'on disoit estre bien communément et très-souvent tourmentée par le mauvais esprit (1). »

La mission des quatre députés n'avait pas eu pour unique objet le port du cahier. Ils avaient dû s'occuper principalement « du fait et matière d'entre défunt Monsr l'évesque de Bayeux, d'une part, et frère Robert Orieult, d'autre, laquelle matière l'en vouloit traire en Parlement, à la requeste dudit Orieult, combien que elle fust présentement normande (2). »

Nous n'avons pu recueillir que fort peu de renseignements sur cette affaire, à laquelle prirent un si vif intérêt les États de Normandie, le Chapitre et la ville de Rouen.

Orieult était un clerc du diocèse de Bayeux, suspect en matière de foi, et prévenu, en même temps, d'un délit que nous ne voyons pas spécifié. Un soir, il fut trouvé, par des sergents du Roi, revêtu d'un

des Aides de Normandie.

(1) Arch. comm. de Rouen, A 8, f° 184. — *Chronique scandaleuse*.

(2) Arch. comm. de Rouen, A 8, f° 184.

habit séculier et sur fief lay, c'est-à-dire sur un territoire non soumis à la juridiction ecclésiastique. A raison de ces deux circonstances, ils se crurent en droit de le saisir et de le mettre en état de détention. Les conseillers du Parlement de Paris, informés de cette capture, donnèrent l'ordre d'amener Orieult à la Conciergerie. Mais ils avaient été prévenus par l'archevêque de Rouen qui se l'était fait livrer pour le déférer à l'officialité métropolitaine, pendant que l'évêque de Bayeux, de son côté, réclamait le même prisonnier comme son diocésain. Les États de Normandie intervinrent dans ce conflit, et prirent fait et cause pour l'archevêque de Rouen, non pas, sans doute, qu'ils crussent avoir à défendre les immunités de l'Église, mais par ce seul fait que le Parlement de Paris, l'ennemi commun, élevait des prétentions contraires aux libertés de la Normandie et à la Charte aux Normands. L'union de tous semblait indispensable pour contrebalancer la puissance de cette cour souveraine, contre laquelle ils avaient à défendre la compétence de leurs tribunaux. Des lettres du Roi, données en son Conseil, avaient interdit aux conseillers de prendre connaissance de cette cause; d'autres lettres avaient même défendu à l'archevêque, et cela sous peine de grosse amende, de se dessaisir de la personne d'Orieult. Et pourtant, le Parlement, plus maître que le Roi, ne cédait pas, et, en définitive, nous ne saurions affirmer que l'avantage soit resté aux Normands (1).

(1) Mercredi 8 oct. 1460. *Illa die, dominus decanus retulit, hesterna die, interfuisse unacum domino officiali, officiariis et consiliariis domini archiepiscopi et capituli, pluribus prelatis et*

A propos de ces États de 1460, les derniers du règne de Charles VII, nous avons à signaler un changement qui fut apporté, vers cette époque, dans le mode d'élection des députés.

D'après les lettres du Roi au bailli de Rouen,

nobilibus ac aliis ducatus Normannie in domo ville pro juribus et libertatibus ipsius ducatus necnon et jurisdictionis ecclesiastice et maxime ad causam cujusdam prioris..... de diocesi Baiocensi, incarcerati, etc..... et propter discrepanciam jurisdictionum videlicet Parlamenti et Normannie etc... in qua congregacione fuerunt exhibite et lecte littere domini nostri Regis per quas mandat negocium continuari usque ad tres menses et illo tempore durante mictetur ipse prior prioratus Bituris aut alibi apud dominum nostrum Regem cum rationibus, juribus et mineutis procuratoriis. Transmictentur eciam dominus officialis Rothomagensis, magister Johannes de Gouvis et Rogerus Gouel ad supplicandum et manutenendum quod ipse prior restituatur officiali Rothomagensi, aut Scacario et non Curie Parlamenti,

1er novembre 1460. *In capitulo comparuerunt officiarii regii et consiliarii ville Rothomagensis in magno numero et requisierunt quod domini de capitulo consulerent et licentiam darent domino decano ut iter arriperet ad curiam Domini nostri pro facto jurisdictionis ecclesiastice et libertatum patrie pro facto fratris Roberti Orieult, prisionarii, qui, inter cætera, appellavit a domino officiali Rothomagensi ad Curiam Parlamenti etiam in causa seu materia fidei etc. in hoc contra jurisdictionem metropolitanam et Cartam Normannorum maxime actemptando, unacum aliis deputatis ex parte trium statuum ducatus Normannie, qui quidem domini de capitulo, deliberatione prehabita, eisdem officiariis et consiliariis responderunt quod ipse dominus decanus erat liber in voluntate sua eundi, si sibi placeret, vel non, et si vellet ire, bene sibi placebat nec intendebat eum super hoc impedire.— Illa die, domini capitulantes consuluerunt venerabili viro magistro Johanni de Mesnillo, vicario et officiali Rothomagensi quod pro deffensione jurisdictionis ecclesiastice et metropolitane Rothomagensis, cujus onus et deffensio spectat domino archiepiscopo et ipsi tanquam ejus vicario et officiali, vadat ad curiam domini nostri Regis et prosequatur, prout noverit expedire.*

les gens des trois États du bailliage furent invités à déléguer six personnes notables, une de l'Église, une de la noblesse, et quatre de l'*état commun*. On voit par le mandement du bailli au vicomte d'Auge (1), que chaque vicomté du bailliage n'eut à nommer qu'un homme notable de l'*état commun*, à l'élection duquel durent concourir non-seulement les électeurs de cet ordre, mais aussi les nobles et les ecclésiastiques de la circonscription. Une fois élus, les députés des vicomtés étaient apppelés à prendre part à l'élection du noble et de l'ecclésiastique du bailliage et à siéger avec eux dans l'assemblée des États. Cette forme fut observée dans la suite pour tous les bailliages de Normandie. Dès ce moment on vit cesser l'usage des procurations données par les Chapitres, par les évêques, par les villes et par les bourgs à des délégués chargés de les représenter directement aux États (2). Il n'y eut plus, et il en fut ainsi jusqu'à la fin de nos assemblées provinciales sous Louis XIV, qu'un noble et un ecclésiastique par bailliage. Quant au nombre des députés du tiers-

(1) Bibl. de Rouen, Chartes relatives à l'histoire de cette ville. (T. III, 1450-1499. — Arch. de la S.-Inf., G. 2135, Délib. du pénult. de nov. 1459.)

(2) 20 novembre 1460. *Domini (canonici) deputaverunt magistros G. de Deserto et Guill. Rousselli ad se transferendum in capella archiepiscopali Rothomagensi pro deputando et nominando aliquos pro convencione trium statuum auctoritate regia de novo facienda.* — Plus tard les délégués du chapitre, seuls représentants du clergé de la ville, les nobles du bailliage de Rouen, concoururent avec les échevins et les conseillers de Rouen à l'élection de l'ecclésiastique et du noble du bailliage et du député de la vicomté de Rouen. L'élection avait lieu à l'Hôtel-de-Ville.

état, il fut et il resta fixé à un seul par vicomté. On n'admit d'exception que pour les villes de Rouen et de Caen, qui continuèrent à être représentées dans les États de la province, Rouen, par deux conseillers, Caen, par un conseiller.

On peut conclure de ce mémoire que Charles VII donna, le premier, une consécration légale aux États de Normandie, et que ce fut très-probablement à lui qu'ils furent redevables de leur forme spéciale et de leur constitution définitive.

Extrait du *Précis* des Travaux de l'Académie des Sciences, Belles-Lettres et Arts de Rouen, année 1874-75.

Rouen. — Imp. H. Boissel.

www.ingramcontent.com/pod-product-compliance
Ingram Content Group UK Ltd.
Pitfield, Milton Keynes, MK11 3LW, UK
UKHW021525260726
13993UKWH00004B/1865

9 782019 986933